AF383896

QUELQUES CONSIDÉRATIONS

SUR LES

TRAMWAYS & CHEMINS DE FER SUR ROUTES

EN MATIÈRE D'ACCIDENTS

JURISPRUDENCE, DÉCRETS ET ARRÊTÉS ADMINISTRATIFS

Par Ernest NIEPCE

Ancien avocat à la Cour d'appel de Lyon.

LYON

IMPRIMERIE X. JEVAIN

Rue François-Dauphin, 18

1899

QUELQUES CONSIDÉRATIONS

TRAMWAYS ET CHEMINS DE FER SUR ROUTES

EN MATIÈRE D'ACCIDENTS

L'installation des tramways à vapeur ou à traction électrique et des chemins de fer sur le sol des voies publiques a été une véritable révolution pour tous ceux qui se servaient habituellement de la grande route, et particulièrement pour ceux qui s'en considéraient comme les rois, les voituriers et les rouliers.

Auparavant, ils en étaient les maîtres, et les maîtres quelque peu tyranniques. Leurs lourds chariots n'avaient pas à craindre le choc des voitures légères. Aussi celles-ci étaient-elles obligées d'attendre leur bon plaisir, et quand ils daignaient se déranger pour elles, ils ne le faisaient que lentement, comme une condescendance, et en montrant qu'ils se sentaient les plus forts.

Et voilà que les tramways à vapeur venaient réclamer leur part de la grande route ! Ils voulaient en chasser les anciens maîtres en leur disant : « Quand vous nous verrez, vous vous dérangerez au premier signal. » Les voituriers se sont considérés comme lésés; ils n'ont pas cédé sans résistance. Il a fallu l'intervention de l'Etat, des départements et plus tard des tribunaux pour les obliger à reconnaître qu'un tramway suivant un rail ne peut se détourner, et que c'est à eux de le faire. Dans les villes, ce fut bien autre chose. Non seulement il y avait les voituriers qui de là rayonnent dans les campagnes, mais encore il y a les camionneurs, les cochers de fiacre et tant d'autres qui se considéraient comme les *rois du pavé*.

Ils opposèrent d'abord la force d'inertie, puis réfléchirent que les deux rails constituaient un parfait macadam et s'en servirent comme les tramways. Ils mettaient même beaucoup de lenteur et de mauvaise volonté à s'en retirer à leur approche, et il a fallu un arrêt de la Cour de Lyon et une condamnation en police correctionnelle pour bien faire comprendre que les voies du tramway ne leur appartenaient pas, et qu'ils ne pourraient pas se plaindre des dommages causés par une collision occasionnée par l'usage qu'ils en faisaient.

Il est clair que les anciens règlements de grande et petite voirie ne pouvaient s'adresser aux tramways. Se garer à droite ou prendre sa droite leur était impossible, puisqu'ils sont obligés de suivre les rails. D'un autre côté, il fallait obliger les voituriers à s'écarter de la voie avant l'arrivée des trains pour ne pas mettre le train dans l'obligation de ralentir ou de s'arrêter à chaque rencontre, sans cela il n'y aurait plus eu de service possible. Sur un parcours de 20 kilomètres, dix voituriers eussent pu faire perdre au train chacun 5 à 6 minutes, et voilà une heure de retard pour un petit trajet.

Ce ne serait encore rien ; mais il faut considérer que les lignes sont à simple voie, qu'elles obligent à des croisements, que le retard des uns amène le retard des autres et aboutissent tôt ou tard à des rencontres de trains, abominables catastrophes qui seraient dues à la mauvaise volonté de quelque méchant drôle ou stupide voiturier, ne voulant céder en rien aux nécessités du progrès.

C'est pour cela que la *Loi du 11 juin 1880 concernant l'établissement et l'exploitation des voies ferrées sur le sol des voies publiques* a été suivi d'un *Décret en date du 6 août 1881* ayant force de loi, promulgué au *Journal officiel* du 11 août 1880, portant règlement d'administration publique pour l'exécution de cette loi et la fixation des droits et des devoirs de chacun.

L'article 35 de ce décret est ainsi conçu :

Il est défendu à toute personne étrangère au service de la voie ferrée :
1° de déranger, altérer ou modifier, sous quelque prétexte que ce soit, la voie ferrée et les ouvrages qui en dépendent ;
2° de stationner sur la voie de fer ou d'y faire stationner des voitures ;
3° d'y laisser séjourner des chevaux, bestiaux ou animaux d'aucune sorte ;
4° D'y jeter ou déposer aucuns matériaux ni objets quelconques ;
5° D'emprunter les rails de la voie ferrée pour la circulation des voitures étrangères au service. Tout conducteur de voitures doit, à l'approche d'un train ou d'une voiture appartenant au service de la voie ferrée, prendre en mains les guides ou le cordeau de son équipage, de façon à se rendre maître de ses chevaux, dégager immédiatement la voie et s'en écarter de manière à livrer toute la largeur nécessaire au passage du matériel de la voie ferrée.

Tout conducteur de troupeau doit écarter les bestiaux de la voie ferrée, à l'approche d'un train ou d'une voiture appartenant au service de cette voie.

Art. 56. — Sont constatées, poursuivies et réprimées conformément aux dispositions de la loi du 15 juillet 1845 qui ont été rendues applicables aux tramways par l'article 37 de la loi du 11 juin 1880, les contraventions au présent règlement, aux décisions ministérielles et aux arrêtés pris par les préfets pour l'exécution de ce règlement.

Ce décret répondait à une nécessité de premier ordre. Les tramways à vapeur passent de plus en plus dans nos mœurs et deviennent chaque jour plus nécessaires. Les nations commerciales, l'Amérique, l'Allemagne, l'Angleterre, l'Italie même, ont des chemins de fer routiers sur chaque grande route. C'est l'un des éléments les plus actifs de la richesse publique. Le pays qui ne suivrait pas le mouvement et ne se couvrirait pas d'un réseau de tramways à vapeur ou électriques serait très vite distancé par les autres.

Il faut créer des compagnies et il faut qu'elles puissent vivre, et, pour cela, qu'elles trouvent protection et justice auprès des autorités administratives et judiciaires.

Le pouvoir administratif, reconnaissant la mauvaise volonté des voituriers à s'incliner devant les prescriptions, cependant si claires, du décret du 6 août 1881, ne s'est pas contenté des termes de ce décret déjà si explicite. La plupart des préfets, d'accord en cela avec les ingénieurs des Ponts et Chaussées chargés du contrôle, ont pris des arrêtés précisant plus nettement encore les obligations des voituriers, qui ne doivent jamais s'engager sur la voie avant d'être certains que le tramway n'arrive pas. S'il survient une collision, c'est eux qui en seront considérés comme les auteurs responsables.

Un arrêté préfectoral du Rhône, en date du 7 novembre 1896, pris sur le rapport de l'ingénieur en chef du contrôle, en date du 21 octobre 1896, reproduit les termes de l'article 35 du décret du 6 août 1881, mais en y ajoutant, pour les rendre plus explicites, des dispositions ne laissant aucun doute sur l'étendue des obligations qui en résultent.

Voici les termes de cet arrêté, et pour en bien comprendre l'esprit nous reproduisons en grosses lettres les parties qui ont été ajoutées à l'article 35 du décret du 6 août 1881.

Le Préfet du Rhône, etc.

Vu la loi du 11 juin 1880 et le règlement d'administration publique du 6 août 1881 ;

Vu la loi du 15 juillet 1845 ;

Vu le rapport de M. l'Ingénieur en chef du Contrôle en date du 21 octobre 1896;

Considérant qu'il importe de prendre les mesures nécessaires pour assurer simultanément la sécurité de la circulation et le service des tramways.

ARRÊTE :

ARTICLE PREMIER. — *Il est défendu à toute personne étrangère au service des voies ferrées des* **Compagnies de Tramways** :

1° *De déranger, altérer ou modifier, sous quelque prétexte que ce soit, les voies ferrées et tous les ouvrages qui en dépendent ;*

2° *De stationner sur les voies de fer, ou d'y faire stationner des voitures;*

3° *D'y laisser séjourner des chevaux, bestiaux ou animaux d'aucune sorte;*

4° *D'y porter ou déposer aucuns matériaux, ni objets quelconques ;*

5° *D'emprunter les rails des voies ferrées pour la circulation des voitures étrangères au service*, **si ce n'est en cas de nécessité et sur le moindre parcours possible ;**

Art. 2. — *Tout conducteur de voitures doit, à l'approche d'un train ou d'une voiture appartenant au service de la voie ferrée, prendre en mains les guides ou le cordeau de son équipage de façon à se rendre maître de ses chevaux, dégager immédiatement la voie et s'en écarter de manière à livrer toute la largeur nécessaire au passage du matériel de la voie ferrée.*

Au croisement des rues, il devra ralentir la marche de son véhicule de façon à éviter toute possibilité de collision.

Tout conducteur de troupeaux doit écarter les troupeaux de la voie ferrée à l'approche d'un train ou d'une voiture appartenant au service de cette voie.

Art. 3. — **Les articles précédents sont applicables aux piétons et aux vélocipédistes.**

Art. 4. — **Messieurs les Maires des communes sur le territoire desquelles il existe des lignes de tramways, M. l'Ingénieur en chef du Contrôle, MM. les Commissaires de police en fonction dans les communes intéressées et M. le Commandant des gardiens de la paix à Lyon, sont chargés, chacun en ce qui le concerne, de l'exécution du présent arrêté, dont une ampliation sera adressée à chacune des Compagnies concessionnaires du département.**

Lyon, le 7 novembre 1896.

Pareil arrêté a été pris par M. le Préfet de l'Ain, en date à Bourg du 5 mai 1897. C'est la copie à peu près textuelle de celui du Rhône. Il est donc inutile de le reproduire. Nous ferons cependant remarquer que pour préciser davantage les obligations des voituriers, le Préfet de l'Ain a ajouté, au deuxième paragraphe de l'article 2 : *Au croisement des rues*, **chemins et dessertes ....**

C'est bien clair, et il n'y a place à aucune ambiguïté ni discussion.

L'administration a donc pris parti contre les voituriers. Les anciens maîtres de la grande route ne se sont pas tenus pour battus ; ils n'ont pas cessé de considérer les tramways comme une voiture ordinaire, de chercher à les contraindre à s'arrêter pour les laisser passer, et ils ont espéré que les tribunaux leur donneraient raison chaque fois qu'une collision aurait lieu.

Il faut reconnaître que les premières décisions judiciaires ont semblé donner raison aux voituriers en déclarant trop facilement responsables les Compagnies des chemins de fer routiers.

Cette erreur des tribunaux, ne comprenant pas que les anciens principes en matière de voirie avaient fait leur temps et qu'à un mode d'exploitation nouvelle, en matière de transport, devait répondre un droit nouveau dont les principes ont été posés par le décret de 1881, a été la cause qui a déterminé l'administration à mettre les points sur les *i*, et à prendre les arrêtés ci-dessus.

Dire qu'il a fallu que par arrêté préfectoral, il fût interdit sous peine d'amende aux piétons et aux vélocipédistes de demeurer sur la voie ferrée lorsqu'un tramway arrive sur eux!!! On croit rêver lorsqu'on pense qu'on est obligé de prescrire pareilles choses, et l'on se demande si elles se passent en France, pays du progrès, ou dans les royaumes fantastiques de Gulliver.

Si la première jurisprudence des tribunaux se fût maintenue, elle aurait été un malheur national, en ce qu'elle eût entravé, empêché même la plupart des entreprises de tramways sur route. Ecrasées sous le poids de responsabilités imméritées, les Compagnies auraient vu tout le bénéfice produit par l'exploitation servir à payer les dommages-intérêts prononcés par les tribunaux. On n'eût plus trouvé de capitaux pour soutenir les lignes existantes ou en créer de nouvelles.

Heureusement la jurisprudence s'est ressaisie; aujourd'hui, elle est fixée d'une manière certaine. C'est au conducteur de voiture à faire placé au tramway; il doit se rendre maître de ses chevaux, **même s'ils sont ombrageux ou effrayés**; avant de s'engager sur la voie, il doit s'assurer qu'aucun train n'est en vue, et s'il a négligé ces précautions et qu'une collision intervienne, **il en sera responsable.**

Il convient de remarquer que le décret du 6 août 1881 se réfère à la loi du 15 juillet 1845 et à l'ordonnance du 15 novembre 1846, pour la constatation, la poursuite et la répression des contraventions audit décret. D'ailleurs, l'article 37 de la loi du 11 juin 1880 avait déclaré que les dispositions de la loi du 15 juillet 1845 sont applicables aux tramways et aux chemins de fer d'intérêt local sur les sections où ces chemins de fer empruntent le sol des voies publiques.

Toutes les Compagnies de tramways et de chemins de fer sur routes ont leurs agents assermentés. Il en résulte que toutes les contraventions aux différentes lois et aux décrets dont nous venons de parler donnent lieu à des procès-verbaux dont la poursuite devrait rigoureusement avoir lieu devant la juridiction correctionnelle.

Ce serait donc le tribunal correctionnel de première instance qui aurait à connaître de ces contraventions. Car ce sont des contraventions qui n'admettent ni l'intention frauduleuse ni la bonne foi; le fait matériel suffit pour emporter condamnation.

Ces poursuites pourraient paraître excessives; cependant, dans certains départements, ce droit est strictement appliqué, et ce sont justement ces départements dans lesquels l'exploitation des tramways et des chemins de fer sur route donnent lieu maintenant au plus petit nombre d'accidents. Quelques condamnations en police correctionnelle ont eu pour résultat de faire réfléchir Messieurs les voituriers, rouliers et autres personnes empruntant les grandes routes.

Timor Domini initium sapientiæ, a dit l'Ecclésiaste ; la crainte d'une condamnation correctionnelle est le commencement de la sagesse.

Dans les départements, tels que le Rhône et l'Ain, où les préfets ont pris des arrêtés spéciaux, la poursuite des contraventions relevées a lieu devant le tribunal de simple police. Il convient de ne pas oublier que l'article 56 du décret de 1871 parle des arrêtés pris par les préfets pour l'exécution des règlements. Cet article avait prévu que l'administration préfectorale serait obligée d'intervenir.

Un procès-verbal est donc dressé par les agents assermentés pour violation d'un arrêté préfectoral, contravention prévue et punie par l'article 471 § 15 du Code pénal.

Disons, en passant, que ce procès-verbal doit être affirmé dans les trois jours conformément aux dispositions de l'article 18 de la loi des 22, 30 avril et 30 mai 1851.

Chaque fois qu'une collision se produit, on peut être certain que deux griefs sont soulevés contre le tramway. D'abord, de marcher à une allure trop rapide (ce n'est, en tout cas, pas l'avis des voyageurs qui reprochent aux chemins de fer routiers leur allure de limace) et ensuite d'avoir corné ou sifflé trop tôt, ou trop tard. Si le mécanicien a donné les signaux d'avertissement à une certaine distance, les voituriers allèguent ne l'avoir pas entendu, si, au contraire, il a corné à 40 ou 50 mètres, ils s'empressent de dire que ces signaux ont effrayé les chevaux.

Le tramway a toujours tort, alors, qu'en réalité, un peu d'attention ou la simple observation des règlements par les voituriers, eût évité tout accident.

Il n'est pas inutile de donner ici quelques extraits de jugements rendus sur cette question des distances.

Le 29 juin 1896, le tribunal civil de Saintes a rejeté une demande en 30.000 francs de dommages-intérêts formée par un individu grièvement blessé et qui reprochait au train de n'avoir pas sifflé, d'aller trop vite et d'avoir eu sa machine attelée à rebours.

Ce jugement, passé en force de chose jugée, dit :

« ... Attendu que l'arrivée du train avait été signalée par un coup de sifflet prolongé donné à une faible distance du village de chez Choblet, à 700 mètres environ du lieu où s'est produit l'accident, c'est-à-dire dans des conditions où il pouvait être entendu ; que l'expérience faite par le brigadier de gendarmerie et par l'inspecteur de la Compagnie l'a suffisamment démontré : qu'enfin, quoiqu'en aient pu dire certains témoins, le train ne descendait pas la rampe avec une vitesse exagérée, et que, aussitôt que le mécanicien Lavigne a aperçu le cheval du sieur Tisserand qui s'engageait sur la voie, il a immédiatement serré le frein, renversé la vapeur, et fait tout ce qui pouvait être fait pour arrêter le train, ce qui, du reste, quelle qu'eût été sa vitesse, ne pou·

vait, en raison de la faible distance qui le séparait de la voiture, empêcher le choc de se produire.

« Attendu que le coup de sifflet ayant été donné à une distance que le tribunal n'a aucune raison de considérer comme étant anormale, le coup de sifflet ayant été du reste entendu, notamment par le onzième témoin de l'enquête qui travaillait non loin de l'allée que suivait le sieur Tisserand, ayant pu, par cela même, être entendu par ce dernier, il importe peu que la machine eût été attelée dans un sens ou dans l'autre et que la vitesse du train eut été plus ou moins grande, ces circonstances ne pouvant avoir occasionné l'accident, puisque, dans un cas comme dans l'autre, étant donné l'état des lieux, le mécanicien n'aurait pu voir plus tôt la voiture du sieur Tisserand, et par suite, se serait toujours trouvé dans l'impossibilité d'arrêter assez brusquement le train pour éviter le tamponnement qui s'est produit..... »

Un jugement du tribunal de Périgueux, en date du 14 novembre 1896, passé en force de chose jugée, est basé sur les mêmes principes, à savoir que la distance importe peu, pourvu que le signal ait pu être entendu pour peu que le demandeur y ait fait attention.

Il s'agissait d'une femme qui a été écrasée par une machine isolée, circulant de nuit et à une heure insolite.

« ..... Attendu que l'accident ne pourrait être imputé à la Compagnie, que s'il était démontré que le conducteur de la machine a manqué de prudence, et ne s'est pas conformé aux règlements.

« Attendu qu'il ne pouvait apercevoir la femme Meynard sur la voie, et d'abord parce qu'il faisait nuit, et qu'il y avait beaucoup de brouillard, ensuite parce que la femme Meynard s'est rejetée du côté de la voie au moment précis où arrivait la machine.

« Attendu que Meynard soutient bien que le mécanicien n'a ni sifflé ni corné, et qu'il invoque sur ce point le témoignage de deux témoins de l'enquête qui sont, en effet, très affirmatifs à cet égard, mais qu'il est à remarquer que plusieurs autres témoins, au contraire, affirment que le mécanicien a sifflé à peu de distance du lieu où s'est produit l'accident ;

« Que c'est ainsi que Cornil rapporte que sa femme qui était en voiture avec lui l'avertit que le train venait de siffler, mais qu'il ne s'en préoccupa pas, parce qu'il jugeait avoir le temps d'atteindre le lieu où la voie ferrée se sépare de la route.

« Qu'en outre les témoins Montépin, Beaudet et Roule affirment que le mécanicien a corné et sifflé en précisant les endroits dont l'un est à une distance de cent mètres à peine du lieu où s'est produit l'accident.

« Attendu que s'il enjoint au mécanicien de corner ou de siffler fréquemment en temps de brouillard, il faut reconnaître de la déclaration des témoins que le mécanicien s'est conformé à cette prescription.

« Attendu que la demande n'étant pas suffisamment justifiée, il y a lieu de la rejeter.....

Ainsi donc voilà deux jugements rendus dans le même sens par deux tribunaux différents. La distance de 700 mètres n'est pas anormale pour avertir les personnes pouvant se trouver sur la voie ou sur le point de s'y engager, et il suffit que le signal d'avertissement ait pu être entendu pour que la victime n'ait à imputer la responsabilité de l'accident qu'à son imprudence ou à son défaut d'attention, alors qu'elle se trouvait à proximité d'une voie ferrée.

Nous avons la conviction que les accidents occasionnés par les chemins de fer sur routes seront d'autant plus rares que les représentants de l'administration et les magistrats tiendront la main à la stricte observation des règlements et des arrêtés préfectoraux.

Ces règlements sont constamment violés par toutes les personnes qui ne veulent pas comprendre que les routes qui ont été concédées aux tramways ou aux chemins de fer d'intérêt local devraient se trouver diminuées pour elles de la largeur qu'y occupent les rails ; qu'elles ne doivent emprunter le sol de la voie ferrée que lorsque cela est rendu indispensable par un obstacle, et qu'en tous cas, elles ne doivent s'y engager qu'après s'être assurées qu'un train n'est pas en vue. Elles peuvent attendre quelques minutes sans inconvénient, tandis que le même retard au train peut occasionner une catastrophe.

Que les riverains des tramways ne se sentent plus soutenus d'une manière plus ou moins dissimulée dans leur rébellion contre la loi, les décrets et les arrêtés, par le mauvais vouloir, ou même parfois l'hostilité de quelques représentants des populations, et les accidents deviendront plus rares.

En entretenant dans l'esprit de leurs administrés l'espoir de l'impunité pour eux et d'une réparation des dommages subis, l'un et l'autre souvent problématiques, ces fonctionnaires rendent à leurs administrés le plus détestable service et ce sont eux qui deviennent moralement responsables de tous ces accidents qu'un peu de fermeté et de saine prévoyance de leur part auraient vite rendus impossibles.

L'expérience nous a prouvé que nous n'avons que trop raison.

COUR D'APPEL DE LYON (1ʳᵉ CH.)

Présidence de M. MAILLARD, premier président.

Audience du 15 juin 1898

ACCIDENT. —. TRAMWAYS. — FAUTE DU CONDUCTEUR DE LA VOITURE TAMPONNÉE. — CONTRAVENTION. — DÉPOSITION DES TÉMOINS AU TRIBUNAL DE SIMPLE POLICE.

Le voiturier qui débouche par une rue ou un chemin perpendiculaire à une ligne de tramway sans s'assurer qu'un tramway n'est pas en vue, commet une imprudence qui engage sa responsabilité civile.

Il est permis aux tribunaux civils de prendre les éléments de décision dans les enquêtes auxquelles il a été procédé devant le tribunal de simple police.

(PERRET — C. — LA COMPAGNIE DES TRAMWAYS DE NEUVILLE.)

Ainsi jugé par un jugement rendu le 13 novembre 1897 par la 1ʳᵉ chambre du tribunal civil de Lyon présidée par M. Jean, Président du tribunal, et ainsi conçu :

« Attendu qu'à la date du 4 mai 1897, vers six heures et demie du soir, le tramway de Neuville, train numéro 71, venant de Lyon, marchait à une vitesse modérée lorsque quelques mètres avant d'arriver à l'arrêt de la Rochette, un fiacre déboucha au trot du chemin de la Rochette devant la locomotive, le cheval pris en plein corps fut traîné sur un parcours de dix à quinze mètres et broyé, les brancards furent brisés, les personnes qui occupaient le fiacre n'eurent aucun mal, le cocher Perret et une jeune fille qui était à côté de lui sur le siège, furent projetés à terre ; Perret seul se fit quelques contusions sans gravité ;

« Attendu que Perret, imputant la faute de cet accident à la Compagnie de Neuville, l'a assignée par exploit du 11 mai 1897, en paiement de deux mille francs pour préjudice causé et que subsidiairement il demande à prouver en la forme ordinaire des enquêtes : 1º que le mécanicien du tramway n'a pas corné avant de croiser le chemin de la Rochette; 2º que le tramway, par suite de la vitesse trop grande à laquelle il était lancé, ne s'est arrêté qu'au delà de l'arrêt réglementaire; 3º que l'allure du tramway était excessive, qu'après le tamponnement il ne put être arrêté et que le cheval fut traîné sur une longueur de près de trente mètres;

« Mais attendu que par jugement du tribunal de simple police de Neuville du 28 septembre 1897, Perret a été condamné à un franc d'amende pour avoir contrevenu à l'article 2 de l'arrêté préfectoral du 7 novembre 1896 et amené cette collision avec le tramway de Neuville ; qu'à l'audience quinze témoins ont été entendus, dont cinq à la requête de Perret ; qu'il est établi par l'ensemble de ces témoignages que le mécanicien a corné à deux reprises avant de croiser le chemin de la Rochette, que l'allure du tramway était modérée, devant s'arrêter à quelques mètres plus loin où descendait un des voyageurs; que par contre Perret déboucha au trot par une voie perpendiculaire à la ligne du tramway, alors que la plus vulgaire prudence lui commandait de ne pas s'engager sur cette voie, sans s'assurer qu'elle était libre et s'il n'avait pas été distrait il aurait entendu la corne du mécanicien ;

« Attendu que dans ces conditions, Perret a, non seulement contrevenu à un arrêté préfectoral, mais encore commis une imprudence grave dont il a d'ailleurs été seul à souffrir, qu'aucune faute n'est relevée contre la Compagnie de Neuville et ses agents;

« En ce qui concerne la demande subsidiaire de preuve :

« Attendu que les faits côtés par Perret sont ou non pertinents ou contraires aux dépositions précises des témoins entendus à l'audience de simple police, qu'il n'y a pas lieu de faire droit à ses conclusions ;

« Par ces motifs :

« Le Tribunal, parties ouïes, ensemble M. Deschamps, substitut, en ses conclusions ;

« Statuant en audience publique contradictoirement en matière ordinaire et premier ressort ;

« Déboute Perret tant de sa demande principale en deux mille francs de dommages-intérêts que de sa demande subsidiaire ;

« Le condamne à tous les dépens de l'instance distraits au profit de Mᵒ Gontier sur son affirmation de droit.

« Sur l'appel de Perret :

« La Cour,

« Après en avoir délibéré,

« Adoptant les motifs des premiers juges ;

« Dit qu'il a été bien jugé, etc. »

Conclusions de M. THÉVARD, avocat général.

Plaidants : Mᵉˢ PICARD pour Perret, JULES MILLEVOYE pour la Compagnie du tramway de Neuville, assistés de Mᵉˢ BAUD et MARCHAND, avoués.

COUR D'APPEL DE LYON (Iʳᵉ CH.)

Présidence de M. DEVIENNE, président.

Audience du 5 avril 1898.

ACCIDENT. — TRAMWAYS. — FAUTE DU CONDUCTEUR DE LA VOITURE TAMPONNÉE. — PRATIQUE VICIEUSE CONSISTANT A SUIVRE LES RAILS. — CONSÉQUENCE.

Le fait par des cochers et voituriers d'emprunter pour faciliter leur marche, et sans que rien les y contraigne, une voie de tramways en suivant les rails est une pratique vicieuse et contraire aux règlements.

Si donc un voiturier qui suivait les rails n'a pu, sur l'appel de la corne lui annonçant l'arrivée d'un tramway, dégager assez tôt la voie ferrée parce que les roues de sa voiture ont rippé ou fringalé sur les rails, il ne doit imputer qu'à sa propre faute l'accident qui lui est survenu.

(LAFUMAS — C. — LA COMPAGNIE DES TRAMWAYS ET OMNIBUS DE LYON.)

Ainsi décidé par jugement du Tribunal civil de Lyon, du 11 juillet 1897, ainsi conçu et que la Cour a purement et simplement confirmé :

« Attendu que, le 23 décembre 1895, à 5 h. 1/2 du matin, Lafumas fils a été victime d'un accident, dont son père Louis Lafumas, agissant aux droits de son fils mineur, entend faire retomber la responsabilité sur la Compagnie des Omnibus et Tramways de Lyon ;

« Attendu qu'il résulte d'une façon certaine des dépositions des témoins entendus, que les voitures dont Lafumas conduisait la seconde, avait emprunté pour faciliter leur marche, et sans que rien ne les y contraignit, la voie du tramway de Saint-Fons à Lyon, et suivaient les rails :

« Que c'est là une pratique non seulement vicieuse de la part des cochers, mais encore contraire aux règlements ;

« Qu'il apparaît bien que c'est là en l'espèce la cause première de l'accident :

Qu'en effet le tramway a corné à 100 ou 125 mètres, en partant de la station de Saint-Jean de Dieu et qu'au surplus, il est constant que les conducteurs des trois voitures ont parfaitement entendu corner, puisque le premier et le dernier des trois voituriers se sont garés ;

« Attendu, dans ces conditions, qu'il est certain que si Lafumas n'a pas pu se garer, c'est parce que celui-ci n'a pas comme ses collègues, dégagé assez tôt la voie du tramway, ou encore parce que les roues de sa voiture ont rippé ou fringalé sur les rails ;

« Mais attendu que c'est là une circonstance que doivent prévoir les voituriers quand ils empruntent ainsi d'une façon suivie et sans droit la voie du tramway ;

« Que c'est donc bien dans ce fait que Lafumas suivait la voie du tramway, que doit être recherchée la cause première de l'accident ;

« Qu'on ne saurait donc dire que la responsabilité de la Compagnie soit engagée,

« Par ces motifs,

« Le Tribunal,

« Jugeant publiquement, contradictoirement, en matière ordinaire et premier ressort, le Ministère public entendu ;

« Rejette, comme mal fondée, la demande du sieur Louis Lafumas ;

« L'en déboute et le condamne aux dépens. »

Sur l'appel de Lafumas :

ARRÊT

La Cour,

Après en avoir délibéré ;

Adoptant les motifs des premiers juges ;

Dit qu'il a été bien jugé, etc.

Conclusions de M. Thévard, avocat général.

Plaidants : Mᵉˢ Ruffier et Henri Duquaire, avocats, assistés de Mᵉˢ Rougier et Gignoux, avoués.

COUR D'APPEL DE LYON (4ᵉ CH.)

Présidence de M. Bartholomot, président.

Audience du 3 mars 1897.

Tramways. — Police du roulage. — Décret du 10 août 1852. — Interprétation. — Décret du 6 août 1881. — Obligation imposée aux voitures a l'approche des trains.

L'article 9 du décret du 10 août 1852 sur la police du roulage qui prescrit à tout voiturier de se ranger sur sa droite à l'approche de toute autre voiture n'est point applicable aux voitures de chemins de fer et tramways qui circulent sur une voie ferrée.

L'article 35 du décret du 6 août 1881 visé par l'arrêté préfectoral du 26 décembre 1891 qui détermine les conditions de l'exploitation des lignes de tramways à Lyon, d'après lequel tout conducteur de voitures doit, à l'ap-

proche du train, dégager immédiatement la voie et s'en écarter de manière à livrer toute la largeur du passage au matériel de la voie ferrée, ne distingue pas le cas où le tramway prend sa gauche ou sa droite mais est absolu et sans exception.

La construction de la ligne étant déterminée par des arrêtés préfectoraux, on ne peut faire un grief à la Compagnie d'un tramway de ce que la ligne est établie à tel endroit plutôt qu'à tel autre.

(Cognard — C. — la Compagnie des tramways de Neuville.)

Les circonstances ensuite desquelles ces principes ont été appliqués sont nettement exposées dans le jugement que le Tribunal civil de Lyon a rendu le 27 novembre 1895 dans les termes suivants :

« Attendu que le 2 décembre 1894, à 7 heures du soir, la voiture de Cognard, conduite par son cocher Chébré, a éprouvé un accident sur le quai Saint-Vincent qui engagerait, selon lui la responsabilité de la Compagnie des tramways à vapeur de Lyon à Neuville ;

« Attendu que cet accident est arrivé de la manière suivante : le cocher de Cognard revenait de l'Ile-Barbe et conduisait sur le quai de la rive gauche de la Saône, une voiture, dite victoria, attelée d'un cheval; ce cocher suivait sa droite et longeait le trottoir le plus rapproché de la rivière, lorsqu'il se trouva en présence du tramway qui venait en sens contraire, allant à Neuville ; la ligne est à voie unique mais avec garages, c'est sur la double voie de garage qui se trouve en face de la caserne des gardiens de la paix qu'a eu lieu l'accident; le tramway quittant son arrêt qui est devant le pont de Serin s'engagea sur la voie gauche d'évitement et y rencontra la voiture de Cognard qui ne pouvait se ranger sur la droite où il n'y avait qu'un espace de 50 ou 60 centimètres entre la voie et le trottoir ; elle eût pu, il est vrai se ranger sur sa gauche, où elle eût pu trouver un espace suffisant, 2^m 60 entre la voie et la caserne des gardiens de la paix, mais elle persévéra sur sa droite et la collision était inévitable ;

« Attendu que Cognard prétend établir par deux raisons la responsabilité de la Compagnie défenderesse :

« 1º Elle eût dû ménager des deux côtés de sa double voie un espace suffisant pour que les voitures y trouvassent un refuge contre les atteintes du tramway ; or, il n'y avait d'espace suffisant que du côté de la caserne et non du côté de la Saône ;

« 2º Le conducteur du tramway arrivé à l'aiguillage de la double voie, eût dû, conformément à l'usage général des voitures prendre sa droite, ce qui eût évité l'accident ;

« Attendu que ces critiques ne résistent pas à l'examen des règlements auxquels sont soumis les tramways ;

« Que, d'une part, la construction de la ligne et notamment les espaces réservés aux voitures sont déterminés par des arrêtés préfectoraux qui dégagent, quant à ce, la responsabilité de la Compagnie ;

« Que, d'autre part, il est réglé par l'article 35 du décret du 6 août 1881 visé par l'arrêté préfectoral du 26 décembre 1891, qui détermine les conditions de l'exploitation des lignes de tramways à Lyon, que « tout conducteur de voiture doit, à l'approche du train, dégager immédiatement la voie, et s'en écarter de manière à livrer toute la largeur du passage au matériel de la voie ferrée. »

« Attendu que cette prescription ne distingue pas le cas où le tramway prend sa gauche ou sa droite, mais est absolu et sans exception ;

« Qu'il importe, en effet, souvent à la bonne marche du tramway et même à sa sécurité, que dans les pentes semblables à celle qui règne à l'endroit de l'accident, le tramway qui descend prenne sa gauche pour arriver au garage, afin de permettre au tramway qui monte de suivre la voie rectiligne et de lui éviter les contours de la voie d'évitement qu'il ne pourrait peut-être que péniblement monter, à raison de la pesanteur du train qu'il entraîne ; que cette coutume en un mot, de faire passer à gauche le train qui descend, évite peut-être le déraillement du train qui gravit la rampe;

« Attendu, en outre, qu'il est constant que l'article 9 du décret du

10 août 1852, sur la police du roulage, qui prescrit à tout voiturier de se ranger sur sa droite à l'approche de toute autre voiture, n'est point applicable aux voitures, chemins de fer et tramways qui circulent sur une voie ferrée ;

« Attendu qu'aucun autre reproche n'est formulé par Cognard contre la Compagnie ; qu'il est constant d'ailleurs, suivant le procès-verbal de l'accident dressé le 2 décembre 1894, que le tramway a annoncé son arrivée par de nombreux appels de corne et que son allure était celle qu'il devait avoir en arrivant au garage : celle d'un homme marchant au pas, puisque dans la collision, fort légère d'ailleurs, la voiture à vapeur n'a eu qu'une éraflure insignifiante ;

« Attendu que de tout ce qui précède il y a lieu de conclure que le cocher de Cognard, averti de loin de l'arrivée du tramway par les appels de corne, le voyant certainement arriver dans la nuit, n'avait pas à se préoccuper de savoir si ce tramvay s'aiguillerait à droite ou à gauche pour atteindre le garage, et devait sur-le-champ se jeter sur sa gauche et gagner l'espace libre de 2 mètres 60, réservée à la circulation des voitures.

« Par ces motifs,

« Le Tribunal,

« Parties ouïes, ensemble M. Picon, substitut, en ses conclusions :

« Jugeant en premier ressort et matière ordinaire ;

« Rejette purement et simplement la demande de Cognard contre la Compagnie des tramways à vapeur de Lyon à Neuville et le condamne aux dépens, distraits à Mᵉ Gontier, avoué, sur son affirmation de droit. »

Sur l'appel de Cognard :

ARRÊT

La Cour,

Adoptant les motifs des premiers juges ;

Dit qu'il a été bien jugé, etc.

Conclusions de M. THÉVARD, avocat général.

Plaidants : Mᵉˢ ROUCHE et J. MILLEVOYE, avocats, assistés de Mᵉˢ CHATANAY et MARCHAND, avoués.

COUR D'APPEL DE LYON (4ᵉ CH.)

Présidence de M. BARTHOLOMOT, président.

Audience du 14 janvier 1897.

TRAMWAYS. — OBLIGATIONS DES CONDUCTEURS DE VOITURES. — VOIES PUBLIQUES. RÈGLEMENTS. — INFRACTION. — ACCIDENT.

Les conducteurs de voitures doivent, à l'approche d'un tramway, dégager immédiatement la voie sur laquelle ils se seraient engagés, et s'en écarter, de manière à livrer toute la largeur nécessaire au passage du matériel de la voie ferrée (art. 35 du décret du 6 août 1881).

Ils doivent aussi, quand ils ne sont pas sur un siège, marcher constamment à la tête de leurs chevaux, du côté droit, et avoir entre les mains les guides, de manière à être toujours en état de les diriger (art. 18, arrêté préfectoral du 23 juin 1853).

Est non fondé à demander la réparation d'un accident dont il a été victime le conducteur qui a commis la double infraction aux principes ci-dessus.

(Venet — C. — Compagnie lyonnaise des Tramways.)

Il en a été ainsi jugé dans le jugement suivant, que le Tribunal civil de Lyon a rendu le 20 juin 1896, en ces termes :

« Le Tribunal,

« Attendu que Venet demande à ce que la Compagnie lyonnaise des Tramways soit condamnée à lui payer la somme de 10.000 francs et une rente viagère de 1.200 francs, comme responsable de l'accident dont il a été victime le 13 avril 1895, dans la rue de la Part-Dieu ;

« Attendu que cet accident s'est produit dans les circonstances suivantes :

« La rue Moncey traverse obliquement la rue de la Part-Dieu ; entre ces deux rues se trouve la place Voltaire, qui se termine à angle aigu à leur point d'intersection.

« C'est à la hauteur de cette place, sur la rue de la Part-Dieu, que s'arrête le tramway à vapeur, à la station dite du Mont-de-Piété, en sorte que, de toute la partie de la rue Moncey longeant ladite place, on voit très distinctement le tramway, soit lorsqu'il est à la station, soit lorsqu'il parcourt l'espace de 65 mètres qui sépare cette station de la rue Moncey ;

« Le 13 avril 1895, à 7 h. 50 du soir, Venet qui conduisait par la rue Moncey, en longeant la place Voltaire, une lourde voiture de bois traînée par deux chevaux attelés l'un derrière l'autre, les voyant s'engager sur la voie ferrée de la rue de la Part-Dieu au moment où arrivait le tramway à vapeur de Bron à la place des Cordeliers, se précipita à leur tête pour les faire obliquer à droite, dans cette opération il eut le pied gauche pris sous le chasse-corps, fut traîné sur un espace de 2 mètres et eut la jambe cassée au-dessus de la cheville ;

« Attendu que, par jugement du Tribunal de céans du 16 décembre dernier, le sieur Venet a été admis à prouver notamment les deux faits suivants, d'où résulterait une faute de la Compagnie, entraînant par suite sa responsabilité, conformément à l'article 1382 du Code civil, à savoir : « que le tramway « marchait à une vitesse exagérée et que le mécanicien n'a pas fait les signaux « d'avertissement prescrits » ;

« Attendu qu'il s'agit d'apprécier actuellement les résultats des enquête et contre-enquête auxquelles il a été procédé les 21 et 28 janvier dernier ;

« Sur la vitesse du train :

« Attendu, sur ce premier point, que les témoins de l'enquête sont en désaccord avec ceux de la contre-enquête, mais que des documents de la cause et notamment de cette circonstance que le train venait de quitter la station du Mont-de-Piété distante de 65 mètres seulement du point où s'est produit l'accident, et de cette autre circonstance que la voiture n'a été traînée que sur un espace de 2 mètres alors que selon les témoins même de l'enquête (2e, 3e, et 4e témoins), le mécanicien n'a essayé d'arrêter qu'au moment même de l'accident, il résulte à l'évidence que le train marchait à une allure modérée ne dépassant pas, en tous cas, la vitesse réglementaire déterminée par l'arrêté de M. le Préfet du Rhône, du 26 décembre 1891, l'article 25 de cet arrêté ne pouvant être applicable, car la voie du tramway qui se trouve actuellement sur la rue Moncey n'a été établie que postérieurement à l'accident ;

« Sur les signaux d'avertissement :

« Attendu, sur ce second point, qu'il résulte tant de l'enquête que de la contre-enquête, que le mécanicien a fait des signaux d'avertissement prescrits par les règlements ;

« Qu'en effet, il a corné à plusieurs reprises au départ de la station (1er et 2e témoins de la contre-enquête), à 30 mètres du point où s'est produit l'accident (1er témoin de l'enquête et 1er et 2e témoins de la contre-enquête), à 20 mètres (3e et 4e témoins de l'enquête), à 12 mètres et ensuite sans interruption jusqu'au moment même de l'accident (2e témoin de l'enquête) ;

« Attendu que dans ces conditions, Venet ne fait point la preuve qu'il était chargé d'administrer et n'établit point que l'accident soit imputable à la faute ou à l'imprudence du mécanicien du tramway à vapeur ;

« Attendu, d'autre part, que des documents versés aux débats (voir procès-verbal du contrôleur des Tramways et de M. le Commissaire de police de la Part-Dieu des 13 et 14 avril 1895), il appert que le voiturier Venet a voulu couper la voie au tramway (voir déclaration des sieurs Burnoud, Estelle et David) que le sieur Burnoud notamment (2ᵉ témoin de la contre-enquête) a vu très distinctement le dit Vernet, au moment où le mécanicien commençait à corner, faire un mouvement avec le bras gauche en ayant l'air de dire : J'ai bien le temps de passer ;

« Attendu que ce même témoin a déclaré ensuite au cours de l'enquête, que lorsque Venet avait vu le tramway continuer son mouvement en avant et son attelage s'engager sur les rails, il avait quitté le derrière de sa voiture et couru à la tête de ses chevaux, et à leur gauche pour leur faire quitter la voie (voir également sur ce point, 3ᵉ et 4ᵉ témoins de l'enquête) ;

« Attendu qu'en agissant ainsi, Venet a contrevenu à l'article 35 du décret du 6 août 1881, qui prescrit aux conducteurs de voitures à l'approche d'un train de dégager immédiatement la voie et de s'en écarter de manière à livrer toute la largeur nécessaire au passage du matériel de la voie ferrée ; et à l'article 8 de l'arrêté préfectoral du 23 juin 1853, qui prescrit aux voituriers de marcher constamment à la tête de leurs chevaux, du côté droit et d'avoir entre les mains les guides de manière à être toujours en état de les diriger ;

« Attendu qu'il est de toute évidence que si Venet eût eu les rênes en mains et se fût placé à la droite de ses chevaux l'accident ne se serait point produit puisque l'attelage n'a pas été atteint par suite de la promptitude dans l'arrêt du train ;

« Qu'ainsi Venet a été victime de sa propre imprudence et de sa négligence ;

« Attendu, enfin, que la religion du Tribunal se trouve considérablement éclairée par la déclaration de Venet à M. le Commissaire de police de la Part-Dieu, le lendemain de l'accident (voir procès-verbal sus-énoncé du 14 avril 1895), à savoir :

« Qu'il avait hâté le pas dans la crainte que son cheval de devant ne fût « atteint, qu'il avait glissé et avait eu le pied gauche sous le garde-corps et « que sa voiture n'a point été heurtée » ;

« Attendu qu'il résulte de cette explication absolument vraisemblable, la seule au reste qui puisse expliquer d'une façon plausible l'introduction sous le garde-corps du pied gauche de Venet, que l'accident dont s'agit est le résultat d'un cas fortuit ou de la maladresse de ce voiturier, excluant ainsi toute la responsabilité de la part de la Compagnie lyonnaise des Tramways ;

« Par ces motifs,

« Le Tribunal,

« Jugeant publiquement, contradictoirement, en matière ordinaire et premier ressort, le Ministère public entendu ;

« Rejette la demande du sieur Venet, comme mal fondée ;

« L'en déboute et le condamne aux dépens, distraits à Mᵉ Anglès. »

Sur appel de Venet, la Cour a confirmé, par adoption de motifs, la décision des premiers juges.

Conclusions de M. Thévard, avocat général.

Plaidants : Mᵉˢ J. Millevoye et de Combes, avocats, assistés de Mᵉˢ Baux et Broquère, avoués.

TRIBUNAL CIVIL DE LYON (Ire CH.)

Présidence de M. LONCHAMPT, président.

Audience du 25 novembre 1893.

ACCIDENT. — TRAMWAYS. — OBLIGATION POUR UN VOITURIER DE SE RENDRE
MAITRE DE SES CHEVAUX. — RESPONSABILITÉ DU VOITURIER.

*Un voiturier qui circule près d'une voie ferrée doit se rendre maître de ses
chevaux à l'approche du train.*

*Si les chevaux, effrayés, déterminent une collision, le voiturier qui n'a pas
pris la précaution de descendre de son siège et de les tenir par la bride, en
est responsable.*

(GRÉGOIRE — C. — LA COMPAGNIE DU TRAMWAY DE NEUVILLE.)

Les faits sont très clairement exposés dans le jugement que la 1re Chambre
du tribunal civil de Lyon a rendu le 25 novembre 1893 et qui est ainsi conçu :

« Attendu que Grégoire attribue à la faute des employés de la Compagnie du
tramway de Neuville la perte d'une jument et des avaries à un corbillard
qu'il conduisait le 13 février 1893 dans l'après-midi sur le quai de Serin ; qu'il
a introduit de ce chef contre ladite Compagnie une action en 1.500 francs de
dommages-intérêts ;

« Qu'il expose que les deux chevaux attelés à ce corbillard se sont effrayés à
l'approche du tramway qui venait à leur rencontre, que vainement il a mul-
tiplié ses signes au mécanicien du tramway pour qu'il eût à cesser ses appels
de corne et modérât la vitesse de son train ; que ce mécanicien continua à
corner, continua la même vitesse et amena dès lors une collision dans laquelle
la voiture fut endommagée et l'un des chevaux reçut des blessures dont il
mourut ultérieurement ;

« Attendu que les allégations de Grégoire sont dès à présent démenties par les
renseignements et vraisemblances de la cause : Qu'il est constant en effet que
voyant de loin la détresse de l'attelage de Grégoire et les signes de ce dernier,
le mécanicien du train s'est conformé à l'article 22 de l'arrêté préfectoral du
26 décembre 1891 et a ralenti la marche de façon à pouvoir s'arrêter le plus
promptement possible et qu'en réalité il n'est pas nié que le train était arrêté
ou tout au moins s'arrêtait au moment de l'accident, c'est-à-dire au moment
où le corbillard a versé ;

« Qu'en supposant qu'il y ait eu un certain choc entre le tramway et l'attelage
emporté dans tous les sens par les chevaux furieux, ce choc ne serait pas
imputable au mécanicien puisqu'il a fait tous ses efforts pour arrêter et
ralentir son train et qu'il l'a effectivement arrêté dès que cet arrêt a été possible ;

« Qu'il n'y a pas lieu non plus de lui reprocher des appels de corne qui lui
sont prescrits par les règlements pour avertir au loin l'approche du train et
qu'il n'est pas à supposer qu'il les ait multipliés à dessein, comme le prétend
Grégoire, pour augmenter l'effroi des chevaux de ce dernier ;

« Attendu que l'accident est uniquement imputable à l'imprudence de Grégoire
lui-même qui s'est exposé à rencontrer un tramway à vapeur avec des chevaux qui n'étaient pas accoutumés à ces rencontres. Qu'il est vraisemblable
aussi que l'effroi et les mouvements désordonnés des chevaux ne se sont
produits que graduellement et qu'au début de la scène Grégoire aurait pu
descendre, saisir ses chevaux par la bride et les maîtriser plus aisément qu'en
restant sur son siège ;

« Attendu que les circonstances de l'accident étant dès à présent suffisamment
connues, la preuve demandée subsidiairement serait frustratoire,

Par ces motifs :

« Le Tribunal, parties ouïes, ensemble M. Piganiol, substitut, en ses conclusions, jugeant en dernier ressort et matière sommaire, sans s'arrêter aux conclusions subsidiaires en preuve qui sont rejetées.

« Déboute purement et simplement Grégoire de sa demande contre la Compagnie des tramways de Lyon à Neuville, et le condamne aux dépens de l'instance. »

Conclusions de M. PIGANIOL, substitut du Procureur de la République.

Plaidants : Mes BURNIER et Jules MILLEVOYE, assistés de Mes SESTIER et GONTIER, avoués.

TRIBUNAL CIVIL DU PUY (1re CH.)

Présidence de M. PEYRACHON, président.

Audience du 1er avril 1897

ACCIDENT. — TRAMWAYS. — PREUVE OFFERTE DE LA FAUTE OU NÉGLIGENCE DU CONDUCTEUR DU TRAMWAY. — OFFRE TÉMÉRAIRE RÉSULTANT DE L'INSTRUCTION JUDICIAIRE DU PARQUET. — REJET.

Le demandeur qui réclame une indemnité pour un accident dont il a été victime doit prouver que l'accident est arrivé par la faute du tramway.

Il importe aux tribunaux de garantir les plaideurs contre la témérité de leurs allégations.

Les tribunaux ont le droit de puiser dans une enquête faite par le parquet les éléments permettant de déclarer que l'offre de preuve articulée est téméraire.

(EYRAUD — C. — FARIGOULE.)

Les faits de la cause sont suffisamment expliqués dans les faits cotés ci-dessous et qu'Eyraud demandait à être autorisé à prouver.

1° Le 11 novembre 1896, entre 6 heures et 6 h. 1/2 du soir, Eyraud (Florent), conduisait un troupeau de 30 à 40 moutons, lorsqu'il a été tamponné et violemment projeté à terre par une voiture électrique.

2° A ce moment il était nuit et la nuit était obscure.

3° Le tramway marchait à une allure très vive, qui à elle seule constituait une imprudence pour un jour de foire (Saint-Martin).

4° Il s'est avancé avec une telle rapidité qu'Eyraud n'a pas eu le temps de garer ses moutons.

5° Contrairement aux prescriptions des règlements le tramway n'a pas suffisamment ralenti ou même arrêté sa marche à l'approche du troupeau.

6° Cette absence de ralentissement suffisant est une faute de Farigoule, puisqu'elle provient soit du vice de construction de sa machine, soit de l'inobservation des règlements par le conducteur.

7° Le vice de construction de la machine résulte suffisamment du nombre considérable d'accidents qui ont eu lieu et qui ne se seraient pas produits si les freins avaient fonctionné.

8° La preuve que la voiture électrique n'a pas ralenti suffisamment résulte notamment de ce fait que le conducteur s'étant aperçu de l'accident et ayant actionné les freins pour arrêter, n'a réussi à arrêter la voiture que 80 mètres plus loin. Et tous autres faits de nature à justifier la demande du concluant.

C'est sur les faits ainsi cotés que le tribunal a rendu le jugement suivant, en s'appuyant sur une enquête faite par le procureur de la République.

« Attendu que le 11 novembre 1896, sur les 6 h. 1/2 demie du soir, aux environs de la Renaissance près le Puy, Eyraud a été atteint par une voiture du tramway allant du Puy à Brive et a été projeté à terre ;

« Attendu qu'Eyraud a fait assigner le sieur Farigoule (Pierre), concessionnaire de la ligne du tramway, en *cinq cents francs* de dommages-intérêts pour le préjudice à lui causé par l'accident dont il a été victime ;

« Attendu qu'Eyraud demandeur dans l'instance n'est pas tenu de prouver seulement l'accident dont il a été victime ; qu'il est encore tenu de prouver que cet accident est arrivé par la faute ou la négligence de ceux dont le sieur Pierre Farigoule doit répondre ;

« Attendu qu'Eyraud, à l'appui de sa demande, articule un certain nombre de faits d'où il prétend déduire la responsabilité de Farigoule ;

« Attendu qu'il résulte de l'instruction à laquelle il a été procédé à la suite de l'accident, que cet accident est dû à la faute même d'Eyraud ; qu'en tout cas Eyraud est dans l'impossibilité de prouver les faits des agents de Farigoule ;

« Qu'un seul témoin vraiment désintéressé a assisté au tamponnement et que ce témoin n'a pas vu comment les choses se sont passées ;

« Que par suite l'offre de preuve articulée par Eyraud est évidemment téméraire ; qu'il appartient aux tribunaux de garantir les plaideurs contre la témérité de leurs allégations.

« Par ces motifs, le tribunal jugeant en matière souveraine et dernier ressort,

« Ouï, les avoués et avocats des parties en leurs conclusions et plaidoiries de même que M. Balmay, procureur de la République ;

« Déclare Eyraud mal fondé dans sa demande, l'en déboute et rejette l'offre de preuve comme dès à présent démentie par les éléments de la cause.

« Condamne Eyraud aux dépens. »

Ministère public : M. BALMAY, procureur de la République.

Plaidants : MM^{es} FAURE et AUTIN, assistés de MM^{es} TOURNASSUS et BERNARD, avoués.

TRIBUNAL CORRECTIONNEL DE LYON

Présidence de M. CHEVALIER-JOLY, vice-président

Audience du 25 juillet 1898.

ACCIDENT. — TRAMWAYS. — OBLIGATION DE LAISSER LA VOIE LIBRE. — CONTRAVENTION.

Le voiturier doit prendre ses dispositions pour dégager la voie aussitôt que la présence du tramway à vapeur est signalée ;

S'il tarde à le faire, et qu'une collision se produise, il est seul responsable des conséquences civiles de cette collision.

Et sa responsabilité pénale se trouve même engagée, pour violation des arrêtés préfectoraux, qui reproduisent la disposition de l'article 35 du décret du 6 août 1881.

(MINISTÈRE PUBLIC — C. — BALLET.)

Faits :

La partie du quai où l'accident s'est produit comprend la largeur de la voie montante et de la voie descendante du tramway, et en outre un espace laissé à la circulation des voitures. Ce dernier espace était obstrué par des travaux de terrassement. Le sieur Ballet était engagé avec sa voiture sur la voie montante. Il a soutenu que la voie descendante, sur laquelle il pouvait se garer, était obstruée par des voitures qui descendaient à Lyon.

Le tribunal de simple police a repoussé sa prétention dans un jugement du 11 mai 1898, ainsi conçu :

« Attendu qu'il résulte du procès-verbal et des enquêtes que le 21 mars 1898, sur le quai Saint-Vincent, le train n° 62 de la Compagnie Nouvelle des Tramways de Lyon à Neuville suivait la voie descendante ;

« Que devant ce train, et sur la même voie, se trouvait un camion marchant dans le même sens, conduit par le sieur Ballet, voiturier au service du sieur Robellet ; que, malgré les appels réitérés de la corne, le sieur Ballet est resté sur la voie ferrée, et a contraint le mécanicien à ralentir l'allure déjà modérée de son train sur une longueur de plus de deux cents mètres, suivant le procès-verbal, et de cent mètres au moins d'après la déposition du témoin Thonnay, voyageur qui se trouvait dans le train ;

« Attendu que le prévenu soutient qu'il ne pouvait s'écarter à raison de l'encombrement occasionné par les travaux alors en exécution du canal de Jonage, et du passage de cinq voitures allant en sens inverse de la sienne, et se suivant sans intervalle ; qu'il s'est garé aussitôt qu'il l'a pu ;

« Mais attendu qu'il est contredit sur ce point par plusieurs témoins, notamment par les témoins Thonnay, Gaudon et Damaizin, qui déclarent que le sieur Ballet pouvait fort bien se garer dès les premiers appels de corne du tramway ;

« Attendu d'ailleurs que l'allégation du prévenu est invraisemblable ;

« Que les déblais provenant de la tranchée du canal de Jonage, placés le long du trottoir, n'occupaient qu'une minime partie de la chaussée ; que, d'un autre côté, il est difficile d'admettre que le passage de cinq voitures se suivant et allant en sens inverse de celle du sieur Ballet ait pu obliger celui-ci à parcourir un espace de deux cents mètres ou même de cent mètres avant de pouvoir sortir de la voie ferrée.

« Qu'il paraît même qu'à un moment donné il en est sorti, et que le mécanicien du tramway, voyant alors la voie libre, venait de reprendre sa marche ordinaire, lorsque le sieur Ballet est venu inopinément replacer sur la voie descendante sa voiture, dont l'arrière, à l'instant même où il se garait pour la seconde fois, a été tamponné par le tramway, qui, par suite du choc, a subi certaines avaries ;

« Attendu, dans ces circonstances, qu'on ne saurait méconnaître que le sieur Ballet ait contrevenu à l'arrêté préfectoral du 7 novembre 1896, portant dans son article 2 que :

« Tout conducteur de voitures doit, à l'approche d'un train ou d'une
« voiture appartenant au service de la voie ferrée, prendre en mains les
« guides ou le cordeau de son équipage de façon à se rendre maître de ses
« chevaux, dégager immédiatement la voie et s'en écarter de manière à livrer
« toute la largeur nécessaire au passage du matériel de la voie ferrée.

« Au croisement des rues, il devra ralentir la marche de son véhicule de
« façon à éviter toute possibilité de collision,

« Tout conducteur de troupeau doit écarter les bestiaux de la voie ferrée à
« l'approche d'un train ou d'une voiture appartenant au service de cette voie. »

« Que le sieur Ballet a, dès lors, encouru l'application de l'article 471 paragraphe 15 du Code pénal.

« Vu l'article 1384 du Code civil.

« Par ces motifs :

« Statuant contradictoirement et en premier ressort :

« Et faisant au défendeur application des dispositions de l'article 471 § 15 du Code pénal ci-dessus visé et dont lecture a été donnée à l'audience,

« Le condamne en deux francs d'amende sur les réquisitions du ministère public.

« Et statuant sur les conclusions de la partie civile.

« Attendu que la Compagnie Nouvelle des Tramways de Lyon à Neuville et extension réclame aux sieurs Ballet et Robellet, ce dernier comme civilement responsable du fait de son préposé, la somme de 24 fr. 90 cent. pour réparation des dégâts subis par son matériel dans la collision du 21 mars 1898;

« Attendu que cette demande est justifiée; qu'au surplus, la somme réclamée n'est point contestée quant au chiffre;

« Condamne le sieur Ballet à payer à la Compagnie Nouvelle des Tramways de Lyon à Neuville et extension la somme de 24 fr. 90 cent. et les intérêts de droit;

« Condamne la partie civile en tous les dépens de l'instance, sauf son recours contre les sieurs Ballet et Robellet qui seront tenus de les lui rembourser;

« Liquide les dépens à la somme de 35 fr. 55 cent., dont 8 fr. 10 cent, avancés par l'Etat;

« Déclare en vertu de l'article 1384 du Code civil le sieur Robellet civilement responsable du sieur Ballet;

« Fixe à deux jours la durée de la contrainte par corps contre le sieur Ballet. »

Sur l'appel de Ballet et de Robellet, le tribunal correctionnel de Lyon a confirmé le jugement de simple police, par adoption des motifs.

Ministère public. — M. Bryon, substitut du procureur de la République.

Plaidants. — Mᵉ Jules Millevoye, pour le tramway de Neuville, et Mᵉ Damiron, pour Ballet et Robellet.

TRIBUNAL DE SIMPLE POLICE DE LYON

Présidence de M. Lafay, juge de paix du 3ᵉ canton.

Audience du 11 mai 1898.

TRAMWAYS. — CHEVAL EFFRAYÉ. — OBLIGATION DU VOITURIER DE SE RENDRE MAITRE DE SON CHEVAL. — CONTRAVENTION.

L'arrêté préfectoral du 7 novembre 1896 qui reproduit, dans son article 2, les termes mêmes de l'article 35 du règlement du 6 août 1881, exige que tout conducteur de voiture à l'approche d'un train prenne en main les guides de son cheval de manière à s'en rendre maître et à dégager la voie, sans obliger le train de s'arrêter.

Le voiturier doit notamment descendre de son siège, se porter à la tête de son cheval et le tenir en mains.

Commet la contravention précitée, tout voiturier qui ne prend pas toutes les précautions nécessaires pour se rendre maître de son cheval et dégager la voie.

(Ministère Public — C. — Laveur.)

Les faits de la cause sont suffisamment expliqués dans le jugement suivant :

« Le Tribunal :

« Attendu que Laveur est poursuivi pour infraction à l'arrêté préfectoral du 7 novembre 1896 concernant la circulation des tramways dont l'article 2 est ainsi conçu :

« Tout conducteur de voitures doit à l'approche d'un train prendre en « mains les guides ou le cordeau de son équipage de façon à se rendre maître « de ses chevaux, dégager immédiatement la voie et s'en écarter de manière à « livrer toute la largeur nécessaire au passage du matériel de la voie ferrée; »

« Attendu qu'il résulte des documents de la cause et des enquêtes que, le 19 mars 1898, à Lyon, Laveur suivait le quai Saint-Vincent, allant à Vaise, avec une voiture à quatre roues, attelée d'un cheval, lorsque, arrivé à la hauteur du n° 33, il vit venir en sens inverse, sur la voie descendante, un tramway de la Cⁱᵉ des Tramways de Neuville; qu'il se gara et s'arrêta du côté de l'entrevoie et de la voie montante, mais sans pouvoir se rapprocher du trottoir à raison de l'encombrement occasionné par les travaux, alors en exécution du canal de Jonage; qu'au bout d'un instant le cheval effrayé, probablement par l'approche du train, fit subitement un écart, et, en reculant, ramena l'avant-train du véhicule sur la voie parcourue par le tramway; qu'aussitôt et alors que le train, suivant l'affirmation du témoin Rollard était encore à une distance de trente mètres, Laveur, qui était resté sur le siège de sa voiture, fit des signes de détresse au mécanicien qui ralentit sa marche, mais pas suffisamment toutefois pour éviter une collision qui causa la chute du cheval et une légère avarie au tramway;

« Attendu que des faits ainsi établis, il ressort que Laveur n'a pas pris, pour se rendre maître de son cheval et éviter d'obstruer la voie ferrée toutes les précautions nécessaires, qu'alors surtout, qu'il ait été obligé, par suite de l'encombrement, de rester placé tout à côté de la voie descendante, il devait, avant même que son cheval ne manifestât aucune inquiétude, descendre de son siège, se porter à la tête de l'animal et le tenir en main; qu'il a dès lors contrevenu à l'arrêté préfectoral du 7 novembre 1896 et par suite, encouru l'application de l'article 471 du Code pénal ci-après visé, etc.

« Conclusions conformes du Ministère Public. »

TRIBUNAL DE COMMERCE DE VERSAILLES

Audience du 27 juillet 1898.

TRAMWAY. — ACCIDENT. — DEMANDE EN PAIEMENT DE DOMMAGES-INTÉRÊTS. — REJET.

Le voiturier qui demande des dommages-intérêts pour des dégâts occasionnés par une collision avec un tramway, doit établir qu'il y a eu faute et violation des règlements de la part de la Compagnie des Tramways ou de son préposé :

(DIAS — C. — SOCIÉTÉ VERSAILLAISE DE TRAMWAYS ÉLECTRIQUES.)

Ainsi décidé par le jugement suivant qui précise suffisamment les faits de la cause.

« Attendu que le 31 janvier dernier une collision s'est produite rue de l'Orangerie, entre le tramway électrique allant à la grille de l'Orangerie et une voiture appartenant à Dias, conduite par un de ses employés;

« Attendu que le choc qui en est résulté a causé des avaries à sa voiture, ayant occasionné des dépenses dont Dias réclame le remboursement et des dommages-intérêts pour préjudice causé;

« Attendu que les parties étant contraires en fait, le tribunal, par jugement avant faire droit, a ordonné qu'une enquête et une contre-enquête seraient faites à l'audience du 13 juillet;

« Attendu qu'il résulte de ces enquête et contre-enquête qu'au moment où le tramway se dirigeait sur la grille de l'Orangerie, quittait la rue Mazières où il s'était arrêté pour laisser descendre un voyageur, la voiture de Dias allait s'engager sur la voie du tramway pour passer du n° 18 au 15 de la rue de l'Orangerie;

« Attendu que, malgré la sonnerie réitérée du tramway, la voiture continua son mouvement tournant;

« Attendu que l'espace qui à ce moment séparait ces deux voitures étant à peine de 20 mètres, le tramway ne put s'arrêter à temps;

« Attendu que le cocher de Dias a reconnu que le conducteur du tramway avait bien sonné mais que, fort préoccupé de ses chevaux, il n'avait pas regardé derrière lui pour savoir à quelle distance se trouvait le tramway, ainsi que le prescrivent les articles 2 et 3 de l'arrêté de M. le Maire de Versailles du 1er septembre 1896 ;

« Attendu que le cocher de Dias s'est mis dans son tort en traversant la voie du tramway dont le signal avertisseur annonçait l'approche ;

« Attendu, par suite, que Dias ne fait pas la preuve dans l'espèce de la faute de la Compagnie des Tramways électriques, dont l'agent a fait le possible pour atténuer les conséquences de l'accident et doit être déclaré mal fondé en sa demande ;

« Pour ces motifs,

« Déclare Dias mal fondé en ses demandes et prétentions, l'en déboute, et le condamne à tous les dépens. »

TABLE CHRONOLOGIQUE DES JUGEMENTS ET ARRÊTS CITÉS

Lyon. — Imp. X. Jevain, r. François Dauphin, 18.

www.ingramcontent.com/pod-product-compliance
Ingram Content Group UK Ltd.
Pitfield, Milton Keynes, MK11 3LW, UK
UKHW020916140726
13695UKWH00006B/2573